BEI GRIN MACHT SICH IHR WISSEN BEZAHLT

AF143408

- Wir veröffentlichen Ihre Hausarbeit,
  Bachelor- und Masterarbeit

- Ihr eigenes eBook und Buch -
  weltweit in allen wichtigen Shops

- Verdienen Sie an jedem Verkauf

Jetzt bei www.GRIN.com hochladen und kostenlos publizieren

Der Einfluss von Wiederholungsbereichen auf den Muskelaufbau. Erstellung eines leistungsorientierten Trainingsplans am Beispiel eines Bodybuilders

Selina Latzko

Bibliografische Information der Deutschen Nationalbibliothek:

Die Deutsche Nationalbibliothek verzeichnet diese Publikation in der Deutschen Nationalbibliografie; detaillierte bibliografische Daten sind im Internet über http://dnb.d-nb.de abrufbar.

ISBN: 9783346343550
Dieses Buch ist auch als E-Book erhältlich.

Deutsche Hochschule für
Prävention und Gesundheitsmanagement
Hermann Neuberger Sportschule 3
66123 Saarbrücken

Einsendeaufgabe

Fachmodul: Trainingslehre V

Studiengang: Bachelor of Arts-Fitnesstraining

**Datum
Präsenzphase:** 27.04.2020-29.04.2020

Name, Vorname: Latzko, Selina Deirdre

Studienort: **Eschborn, Frankfurt am Main**

Semester: **WS 17**

Inhaltsverzeichnis

1 Erstellen einer narrativen Übersichtsarbeit

1.1 Literaturrecherche

Gewähltes Fallbeispiel: Bodybuilder

Forschungsfrage: Welchen Einfluss hat die Belastungshäufigkeit auf das Muskelquerschnitts-wachstum?

Konkretisierung der Forschungsfrage: Welche Effekte haben verschiedene Wiederholungs-bereiche bei einem Krafttraining bis zum Muskelversagen, auf das Muskelwachstum von männ-lichen, krafttrainingserfahrenen Personen im Alter von 24 Jahren?

Nennung der verwendeten Suchbegriffe und –befehle:
Muskelquerschnittwachstum, Trainingshäufigkeit, Muskelaufbau, Einsatztraining, Mehrsatz-training

Nennung der durchsuchten Datenbanken und Bibliotheken:
Google Chrome

1.2 Ergebnisdarstellung

Studie 1

„Untersuchung der Veränderung der Muskelmasse in Abhängigkeit von Trainingshäufigkeit und Leistungsniveau" (Wirth K, Atzor KR, Schmidtbleicher D, 2007).

Tab. 1: Studie zu den Veränderungen der Muskelmasse in Abhängigkeit von Trainingshäufigkeit und Leistungsniveau

Titel	Veränderungen der Muskelmasse in Abhängigkeit von Trainingshäufigkeit und Leistungsniveau
Autor(en)	Wirth K, Atzor KR, Schmidtbleicher D
Erscheinungsjahr	2007
Fragestellung/Zielsetzung	Ziel der Untersuchung war es, eine optimale Trainingshäufigkeit zur Erzeugung von Hypertrophieeffekten der Skelettmuskulatur zu ermitteln
Stichprobe	60 Probanden, davon 30 Anfänger (A: mindestens ein halbes Jahr Trainingserfahrung) und 30 Fortgeschrittene (F: mindestens zwei Jahre Trainingsfahrung), nahmen an der Studie teil.
Untersuchungsdesign	„Vor Beginn und zwei Wochen nach Beendigung des achtwöchigen Hypertrophietrainings für die Armbeuger wurde mittels Kernspintomographie (MRI) der Zuwachs an Muskelmasse analysiert. Hierfür wurden pro Person 96 Querschnitte mit einer Schichtdicke von jeweils 1,67 mm zur Auswertung herangezogen und somit der Oberarm auf einer Länge von 16,03 cm untersucht. Zur statistischen Auswertung der Daten wurde eine Varianzanalyse mit Messwiederholung und dem Scheffé-Test als post-hoc Test ($p < 0,05$) durchgeführt. Bis auf die Gruppe mit erfahrenen Athleten und einer Trainingseinheit pro Woche kam es in allen Gruppen zu einem signifikanten Anstieg der Muskelmasse innerhalb des Untersuchungszeitraums mit der Tendenz zu einer höheren Effektivität der Trainingsprogramme, die eine Trainingshäufigkeit von zwei oder drei Einheiten pro Woche aufwiesen. Zwischen den Gruppen mit gleicher Trainingshäufigkeit konnten keine signifikanten Unterschiede festgestellt werden. Die Ergebnisse weisen darauf hin, dass Krafttrainingsanfänger und erfahrene Athleten in ähnlicher Weise auf die

	jeweils verabreichten Trainingsfrequenzen reagieren" (Wirth K, Atzor KR, Schmidtbleicher D 2007).
Hauptergebnisse	Unabhängig vom Leistungsniveau kann eine Trainingshäufigkeit von zwei oder drei Trainingseinheiten pro Woche für eine bestimmte Muskelgruppe als besonders effektiv angesehen werden.
eigene kritische Würdigung	Drei Trainingseinheiten pro Woche erbrachten zwar im Mittel den größten Zuwachs, lagen aber jeweils nur geringfügig über den Effekten, was die zwei Trainingseinheiten pro Woche hervorriefen. Diese Empfehlung gilt besonders für Kraftsportler, während man das Training bei Krafttrainingsanfängern durchaus mit einer Trainingseinheit pro Woche starten könnte. Die Frage ist, ob diese Ergebnisse auch auf größere Muskelgruppen, als die isolierten Armbeuger, übertragen werden können.

Studie 2

„Outcome-Effekte verschiedener Periodisierungsmodelle im Krafttraining" (Fröhlich M, Müller T, Schmidtbleicher D, Emrich E, 2009).

Tab. 2: Studie zu den Outcome-Effekten verschiedener Periodisierungsmodellen im Krafttraining

Titel	Outcome-Effekte verschiedener Periodisierungsmodelle im Krafttraining
Autor(en)	Fröhlich M, Müller T, Schmidtbleicher D, Emrich E
Erscheinungsjahr	2009
Fragestellung/Zielsetzung	Welches Periodisierungsmodell ist für Krafttraining am effektivsten?
Stichprobe	„Insgesamt wurden 35 Studien identifiziert, wobei 2107 Probanden, aufgeteilt auf 130 Einzelgruppen, in die Stichprobe eingingen. Die mittlere Gruppengröße betrug 16.21±18.01

	Personen (Median=12; Min=5; Max=135). Das durchschnittliche Alter der Studienteilnehmer lag bei 21.20±4.50 Jahren (Median=21; Min=15.3; Max=62). Insgesamt nahmen 69.2% Männer (N=90) und 15.4% Frauen (N=20) an der Untersuchung teil, bei 9.2% (N=12) der Studien waren beide Geschlechter beteiligt. Keine Angaben dazu wurden in 6.2% der Fälle (N=8) gemacht. Laut Autorenangaben waren 62.3% der in die Stichprobe eingegangenen Probanden als trainiert einzustufen (N=81), wohingegen 25.4% (N=33) als untrainiert anzusehen waren. 12.4% konnten nicht eindeutig einer der beiden Kategorien zugeordnet werden" (Fröhlich M, Müller T, Schmidtbleicher D, Emrich E, 2009).
Untersuchungsdesign	„Mittels Metaanalyse konnten bei 35 Primärstudien insgesamt 129 Effektstärken berechnet werden. Die Primärstudiensuche erfolgte über Online-Recherche. Deskriptoren waren: Periodisierung, periodization, periodized, nonlinear, undulating mit und ohne Training. Die Primärstudien wurden über einen offenen Kodierplan kodiert. Die Effektstärkenberechnung erfolgte nach Cohen's d im Pre-Post-Test Vergleich sowie mit gepoolter Standardabweichung. Das Studiendesign der Primärstudien beinhaltete randomisierte Studien mit (RCT) bzw. ohne Kontrollgruppe (RT), quasiexperimentelles Design und Interventionen von mindestens fünf Wochen Dauer. Über alle Primärstudien lag die Effektstärke (N = 129) bei 0.93 ± 0.64 (CI = 0.82-1.04). Die mittlere Effektstärke für das blockförmig periodisierte Krafttraining betrug 0.93 ± 0.59 (N = 94; CI = 0.81-1.06). Diejenige des wellenförmigen Periodisierungsmodells lag bei 0.93 ± 0.75 (N = 35; CI = 0.67-1.18). Zwischen den Modellen konnte kein signifikanter Unterschied festgestellt werden (F(1, 127) = 0.02; p = 0.97; η2 =

	0.000). Auch das Einbeziehen von Moderator-variablen wie Geschlecht, Trainingszustand, Übungen oder Studiendauer zeigte keine signifikanten Effekte" (Fröhlich M, Müller T, Schmidtbleicher D, Emrich E, 2009).
Hauptergebnisse	Die Effektstärken beider Modelle als quantitative Maße für praktische Relevanz, indizieren einen großen Effekt, somit sind beide Modelle von großer praktischer Relevanz.
eigene kritische Würdigung	Ungeklärt ist die Frage, ob ein blockförmiges oder ein wellenförmiges Modell überlegen ist.

Studie 3

„Zur Effizienz des Einsatz- vs. Mehrsatz-Trainings" (Michael Fröhlich, 2004).

Tab. 3: Studie zur Effizienz des Einsatz – vs. Mehrsatz- Trainings

Titel	Zur Effizienz des Einsatz- vs. Mehrsatz-Trainings
Autor(en)	Michael Fröhlich
Erscheinungsjahr	2004
Fragestellung/Zielsetzung	Einsatz-vs. Mehrsatz-Training, Was ist effizienter für den Muskelaufbau?
Stichprobe	Insgesamt konnten 52 Studien zur Einsatz- vs. Mehrsatz-Trainingsproblematik gesichtet werden. Der Publikationszeitraum umfasste die letzten 20 Jahre.
Untersuchungsdesign	„Insgesamt gingen 1093 Probanden in die Studie ein. Das durchschnittliche Alter aller Probanden betrug 27,2 ± 12,1 Jahre (Min = 8,5; Max = 66,9; Median = 22,3) (die zwei verzerrenden Studien gaben keine Altersangaben an). Die Teilnehmer an den Primärstudien waren insgesamt zu 46,2% männlich (N = 18 Studien), zu 17,9% weiblich (N = 7 Studien) und in 35,9% der Studien waren beide Geschlechter (N = 14 Studien) beteiligt. 59,5% der Primärstudien hatten trainierte Probanden (N = 22 Studien) und 40,5% der Primärstudien

	rekrutierten untrainierte Studienteilnehmer (N = 15)" (Fröhlich M., 2004).
Hauptergebnisse	„In Abhängigkeit vom Trainingszustand in den Dimensionen „trainiert" und „nicht trainiert" konnte bzgl. des Einsatz- vs. Mehrsatz-Trainings ein signifikanter Unterschied (Haupteffekt) festgestellt werden. In 17,3% der Fälle lautete das Fazit „indifferentes Ergebnis" bzw. „kein Unterschied", 9,6% sprachen sich für das Einsatz-Training aus, 50,0% bevorzugten das Mehrsatz-Training und 23,1% negierten eine explizite statistische Untersuchung" (Michael Fröhlich, 2004).
eigene kritische Würdigung	Eindeutige Aussagen in Sachen Hypertrophie und Muskelgewinn findet man leider auch in dieser Metaanalyse nicht, was mit methodischen Einschränkungen begründet wird. Die Metaanalyse zeigt durchweg höhere Effektstärken für Mehrsatztraining, teilweise jedoch nur im nicht signifikanten Bereich. Zumindest in Sachen Verbesserung der Maximalkraft scheint Mehrsatztraining eindeutig die Nase vorn zu haben.

Studie 4

„Die Wirkung eines kurzen und intensiven Trainings" (Fincher et al., 2000).

Tab. 4: Studie der Wirkung eines kurzen und intensiven Trainings in Hinsicht auf den Kraftzuwachs

Titel	Die Wirkung eines kurzen und intensiven Trainings
Autor(en)	Fincher et al.
Erscheinungsjahr	2000
Fragestellung/Zielsetzung	Wirkt sich ein Ein-Satz-Training mit hoher Intensität (nach dem HIT-Prinzip) auf den Kraftzuwachs günstiger aus, als ein herkömmliches Trainingsprogramm mit mehreren Sätzen?
Stichprobe	Als Probanden dienten hier nicht Untrainierte, sondern trainierte Footballspieler

Untersuchungsdesign	„Die Studie wurde mit 2 Gruppen mit je 16 männlichen Probanden durchgeführt. Die erste Gruppe führte über 10 Wochen ein Gewichtstraining durch, wobei bei jeder Übung nur ein Satz mit 6 bis 10 Wiederholungen bis zum konzentrischen Muskelversagen durchgeführt wurde. Dabei wurden die Sportler angewiesen, die Muskeln nach dem Muskelversagen noch weiter anzuspannen und das Gewicht für einige Sekunden länger zu halten (isometrische Kontraktion). Die andere Gruppe trainierte ebenfalls über 10 Wochen, führte aber drei Sätze mit je 6 bis 10 Wiederholungen durch. In beiden Gruppen wurden pro Trainingseinheit 4 Übungen absolviert. Bei einem konzentrischen Muskelversagen brachen die Probanden ohne weitere isometrische Kontraktion den Satz ab" (Fincher et al., 2000).
Hauptergebnisse	Der Kraftzuwachs war sowohl im Oberkörper-, als auch im Beinbereich signifikant größer in der Gruppe, die nur einen Satz, diesen aber mit Höchstkonzentration durchgeführt hatte. Diese Studie beweist wieder einmal die Überlegenheit eines kurzen und hochintensiven Trainings.
eigene kritische Würdigung	Man muss jedoch bedenken, dass Studien, die weniger als 12 Wochen andauern, sehr oft eine deutliche Verbesserung mit einem Ein-Satz-Training zeigen. Bei Studien, die sich über einen längeren Zeitraum als drei Monate erstrecken, sind die Ergebnisse der Gruppe mit einem Ein-Satz-Training der Gruppe mit drei Sätzen zwar immer noch überlegen, aber nicht im signifikanten Bereich messbar. Von daher muss man davon ausgehen, dass ein hochintensives Training mit nur wenigen Sätzen auf Dauer zu einem Gewöhnungseffekt führen kann, was aber bei allen Trainingsformen zutrifft.

1.3 Diskussion

Zwei Studien sprechen für ein Mehrsatztraining und eine Studie für das Einsatztraining. Ohne deutlichen Unterschied, welches Training von Vorteil ist, erschließ sich aus einer Studie.

Es gibt viele verschiedene Vor- und Nachtteile vom Einsatz, als auch vom Mehrsatztraining in Hinsicht auf das Muskelwachstum. Allgemein lässt sich die Frage „Was ist besser?" nicht eindeutig beantworten, denn es kommt immer darauf an wer trainiert und was derjenige für eine Zielsetzung hat. Was sich jedoch aus den vorgestellten Studien ableiten lässt, sind Empfehlungen wann und für wen eher ein Einsatztraining in Frage kommt, bzw. wer aller Wahrscheinlichkeit nach bessere Erfolge mit Mehrsatztraining haben wird. Die Vorteile für Einsatztraining bestehen bei: Krafttrainingsanfängern und Neueinsteigern, die mit Hilfe des Einsatztrainings gute Erfolge mit wenig Aufwand erzielen können oder Personen, die wenig Zeit investieren wollen/können und trotzdem an Krafteffekten interessiert sind bzw. auch die, die mit wenig Zeitaufwand ihre Leistungsfähigkeit erhalten und ggf. sogar leicht verbessern möchten (Boeckh-Behrens W-U, S. 76).

Die Vorteile für ein Mehrsatztraining in Hinsicht auf das Muskelwachstum bestehen bei Krafttrainierten, die ihre Leistung optimal verbessern wollen und durch einen größeren Trainingsaufwand eine höheren Energieverbrauch erzielen möchten (Boeckh-Behrens W.,- U., S. 76).

„Die Effekte eines Dreisatztrainings sind nach fünf Monaten (etwas) stärker als bei einen Einsatztraining" (Boeckh-Behrens U., -W.). „Häufigkeit vor Umfang vor Intensität" (Gunda Slomka, 2002, S. 149). Die Belastungshäufigkeit hat also einen großen Einfluss auf das Muskelquerschnittswachstum.

2 Trainingsplanung im leistungsorientierten Training

2.1 Analyse des Fallbeispiels und Ableitung von Trainingszielen

Tab. 5: Allgemeine Daten zur Person

Alter	24 Jahre
Geschlecht	Männlich
Körpergröße	174 cm
Körpergewicht	81 kg
Körperfettanteil	11 %
Trainingslevel (Einsteiger, Fortgeschrittener, Profi)	Profi/Bodybuilder, Trainiert seit zweieinhalb Jahren, 3 Mal pro Woche, 8-12 Wdh. pro Satz bis zum Muskelversagen
Beruf	Lagerist bei einem Hersteller für Nahrungsergänzungsmitteln

Tab. 6: Ableitung der Trainingsziele

Inhalt	Ausmaß	Zeit
Maximierung der Muskelmasse	2,5 kg	24 Monate

Das Ziel des Bodybuilders aus Fallbeispiel 1 ist seine Maximierung der Muskelmasse und die Formung seines Körpers. Das genetische Maximum an antrainierter Muskelmasse liegt nach dem Lyle Mcdonald Modell zusammengerechnet bei ca. 20-22 kg. Ein Anfänger erreicht mit gutem Training im ersten Jahr maximal 11 kg Muskelzuwachs. Im zweiten Trainingsjahr liegt die Muskelzuwachsrate bei ca. 5 kg, im 3. Jahr bei 2,5 kg (0,2 kg pro Monat) und im 4. Jahr ist praktisch Schluss (Dr. med. Dominik Dotzauer, 2020).

Da der Bodybuilder aus Fallbeispiel 1 schon seit zweieinhalb Jahren trainiert und Muskelmasse bereits aufgebaut hat, wird er im dritten Jahr maximal nur noch 2,5 kg Muskelmasse aufbauen können. Durch die Maximierung seiner Muskelmasse wird ebenso auch die Formung seines Körpers stattfinden. Des Weiteren möchte er seine Wadenproportionen erhöhen, weshalb im Trainingsplan in seinem Beintraining explizit eine Übung nur für die Waden aufgelistet ist (siehe Tab. 7).

2.2 Mikrozyklische Trainingsplanung

Tab. 7: Mikrozyklische Trainingsplanung

Tage	Mo.	Di.	Mi.	Do.	Fr.	Sa.	So.
Allgemeines Warm-Up	Crosstrainer	-	Crosstrainer	-	Rudergerät	-	-
Spezielles Warm-Up	1x Aufwärmsatz	-	1x Aufwärmsatz	-	1x Aufwärmsatz	-	-
Spezifisches Trainingsziel	Muskelaufbau	Frei/ Regeneration	Muskelaufbau	Frei / Regeneration	Muskelaufbau	Frei / Regeneration	Frei / Regeneration
Trainingsmethode	PITT Force	-	PITT Force	-	PITT Force	-	-
Organisationsform	3er-Split	-	3er-Split	-	3er-Split	-	-
Übungsauswahl	LH Schrägbankdrücken, Butterfly, KH Schulterdrücken, KH Seitheben	-	LH Kniebeuge, Beinpresse, Kreuzheben mit gestreckten Beinen, Wadenheben stehend	-	Klimmzug mit engem Untergriff, LH Rudern vorgebeugt, Trizepsdrücken am Kabelzug, SZ-Scottcurls	-	-
Belastungsgefüge	15-20Whd.	-	15-20Whd.	-	15-20Wdh.	-	-
Cool-Down	Laufband, lockeres Auslaufen (gehen)	-	Laufband, lockeres Auslaufen (gehen)	-	Laufband, lockeres Auslaufen (gehen)	- ,	-

2.3 Begründung der Trainingsplanung

Der Mikrozyklus ist der kleinste Trainingszyklus. Er besteht aus mehreren Trainingseinheiten und umfasst in der Regel eine Woche. Im Mikrozyklus (MIZ) muss die Reihenfolge und Abwechslung von Belastung und Erholung sportmethodisch gelöst werden. Als Belastungsrhythmus bieten sich der 3:1, aber auch der 2:1 Rhythmus an. Im MIZ kommt es zu individuellen Grenzbelastungen, die sich summieren. Zur Reizverarbeitung sind Entlastungen besonders wichtig.

Diese sind in bestimmten Rhythmen im MIZ einzuplanen (Neumann et al., 2001, S. 191), siehe Tab. 7, um eine komplette Regeneration zu ermöglichen, sodass dem Prinzip der Superkompensation nichts im Wege steht. Das bedeutet, einen Tag Training und der darauffolgende Tag ist trainingsfrei, sodass sich der Körper regenerieren kann, um im nächsten Training wieder die maximale Leistungsfähigkeit abrufen zu können (Superkompensation). „Eine ungenügende Berücksichtigung von entsprechenden Erholungsphasen gestattet keine vollständige Wiederherstellung und führt zu einem Abfall der Leistungsfähigkeit sowie zu möglichen Verletzungen" (Grosser, Ehlenz, Giebl, Zimmermann, 1994, S.38). Hier gilt das Prinzip des optimalen Verhältnisses von Belastung und Erholung (Gunda Slomka, 2002, S. 148).

Der Trainingsplan ist auf drei Trainingseinheiten pro Woche abgestimmt, welche sich an der PITT-Force-Trainingsmethode („Professional Intensity Training Techniques") orientieren, das die Person als Bodybuilder tätig ist. Das sogenannte Rest-Pause-Training wurde von dem deutschen Bodybuildingtrainer Karsten Pfützenreuter publiziert und in der Trainingspraxis angewendet. Bei dem PITT-Force-Training wird jede Wiederholung eines Satzes einzeln ausgeführt. Das Gewicht wird also für eine kurze Zeit abgelegt, sodass eine kleine Pause zwischen den Sätzen entsteht. Laut Karsten Pfützenreuter soll die Pausenzeit 20 Sekunden nicht überschreiten. Der Wiederholungsbereich beim PITT-Force-Training ist nicht auf eine bestimmte Wiederholungszahl festgelegt.

Es wird das Gewicht verwendet, dass bei der Ausführung eines regulären Satzes im Wiederholungsbereich von 8-10 mit sauberer Ausführung bewältigt werden kann. Aufgrund der Pause zwischen den Einzelwiederholungen erfolgen 15-20 Wiederholungen.

Die kurze Pause soll zum einen für eine geringere Laktatbildung sorgen, sodass die Muskulatur besser mit Nährstoffen versorgt wird, zum anderen regeneriere sich der phosphagene Speicher zumindest teilweise. Eine höhere Leistungsfähigkeit sei gewährleistet und die hypertrophe Wirkung verstärkt. Des Weiteren behauptet Pfützenreuter, dass Einzelwiederholungen insgesamt zu einem höheren Energieverbrauch führen. Darüber hinaus ergebe sich eine „Periodisierung" und „Phasentraining" von selbst (Pfützenreuter, 2009).

Das Training beginnt mit einem allgemeinen Warm-Up. Das Hauptziel des allgemeinen Warmups bestehen darin, das Herz-Kreislaufsystem und den Körper langsam auf die bevorstehende Belastung im Hauptteil vorzubereiten. „Darüber hinaus sollen die physische Leistungsbereitschaft von Herz, Kreislauf, Muskulatur, Bindegewebe und der Gelenke verbessert werden" (Boeckh- Behrens W., U., & Buskies, W., S. 63).

Wird eine Muskelpartie durch Training, also in einem über dem gewöhnlichen liegenden Maß belastet, so werden Energiereserven angegriffen, Muskeln de facto überlastet. Dies ist der Trainingsreiz. Der Körper reagiert nun zunächst auf diesen Reiz, indem er nach dem Training die entstandenen Schäden beseitigt. Er regeneriert also die in Mitleidenschaft gezogenen Energiespeicher und Muskelstrukturen, deren Leistungsfähigkeit durch die Inanspruchnahme gesunken ist. Letztlich trifft der Körper aber nun zusätzliche Vorsorge, da die entsprechenden Systeme über das gewöhnliche Maß hinaus belastet worden sind, betreibt er eine Superkompensation (auch Hyperkompensation genannt), er regeneriert sie über das vorher vorhandene Maß hinaus, um dafür Sorge zu tragen, dass sie der angestiegenen Beanspruchung gewachsen sind. Diese erhöhte Leistungsfähigkeit bleibt dann für einige Tage bestehen (Neumann, G., Pfützner, A., Berbalk, A., 2001).

Wird nun in dieser Phase gewachsener Leistungsfähigkeit ein erneuter Trainingsreiz gesetzt, so folgen wieder eine Degeneration, eine Regeneration, und eine erneute Superkompensation. Auf diese Art und Weise kann progressiv die Kraftleistung gesteigert werden. Allerdings stößt dieses System der Leistungssteigerung natürlich auf individuelle genetische Grenzen, sodass mit fortschreitendem Trainingsstatus immer größere Trainingsreize gesetzt werden müssen, damit die gleichen Leistungsgewinne erzielt werden können (Neumann, G., Pfützner, A., Berbalk, A., 2001).

Das Cool Down zielt auf den Erhalt der Beweglichkeit, der im Training beanspruchten Muskulatur, und die Einleitung der Regeneration ab. Das Herz-Kreislauf-System wird runtergefahren und es findet ein runder und aktiver Ausklang des Trainings statt. Ebenso erleichtert das Abwärmen „die Umstellung der Organe und Funktionssysteme des Kör-pers auf den Ruhezustand und verkürzt die Regenerationszeit" (Boeckh- Behrens W., U., & Buskies, W., S. 63).

3 Literaturverzeichnis

Boeckh- Behrens W., U., & Buskies, W. (2009). *Fitness- Gesundheitstraining- Die besten Übungen und Programme für das ganze Leben*, Reinbek bei Hamburg: Rowohlt Taschenbuch.

Deutsche Zeitschrift für Sportmedizin, Jahrgang 58, Nr. 6 (2007)

Deutsche Zeitschrift für Sportmedizin Jahrgang 60, Nr. 10 (2009)

Exercise Prescription on Internet, *Low-Volume, Progressive-Intensity Weight Training,* Zugriff am 13.0.2020, Verfügbar unter https://exrx.net/WeightTraining/LowVolumeTraining

Fincher GE II et al.: *The Effect of High Intensity Resistance Training on Peak Upper and Lower BodyPower Among Collegiate Football Players?* ACSM Congress (2000).

Fröhlich M., Universität Saarbrücken, Sportwissenschaftliches Institut der Universität des Saarlandes

Grosser, M., Ehlenz, H. Griebl, R. (1994). *Richtig Muskeltraining, Grundlagen des Ma-ximal- und Schnellkrafttrainings*, München, Wien, Zürich.

Gunda Slomka (2002). *Das neue Aerobic Training* (4. überarbeitete Auflage 2008, 5. Auflage 2011). Aachen: Meyer & Meyer.

Neumann, G., Pfützner, A., Berbalk, A.: *Optimiertes Ausdauertraining* 3. Auflage. Meyer und Meyer Verlag, Aachen 2001

Pfützenreuter K., PITT-Force *Professional Intensity Training Techniques: Professionelles Intensitätstraining*, BoD - Books on Demand Verlag; Auflage: 2, 2009